SAINTE-FOY

ET

LES ÉLECTIONS DE 1869

PAR

X..., Propriétaire

PARIS

IMPRIMERIE DE DUBUISSON ET Ce

5, RUE COQ-HÉRON, 5

1869

SAINTE-FOY

ET

LES ÉLECTIONS DE 1869

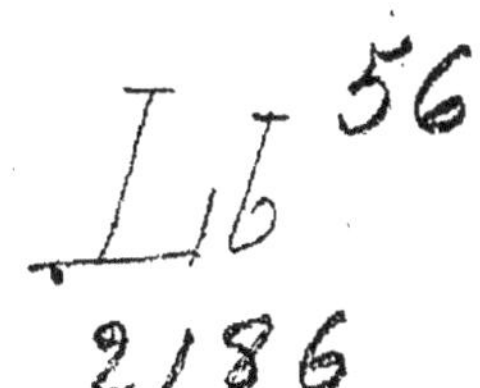

SAINTE-FOY

ET

LES ÉLECTIONS DE 1869

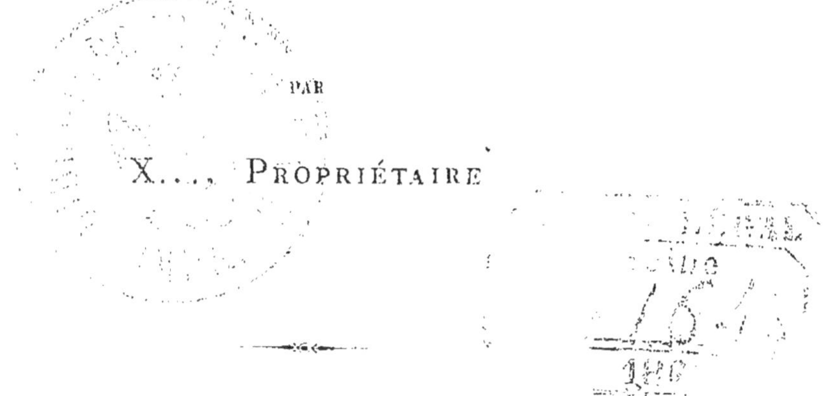

PAR

X...., Propriétaire

PARIS

IMPRIMERIE DE DUBUISSON ET Cᵉ

5, RUE COQ-HÉRON, 5

1869

PETIT AVANT-PROPOS

Il sera demandé compte à l'auteur des motifs qui l'ont guidé dans la publication de ce petit écrit. Blàmé pour le fond, sévè-rement analysé sur la forme, il subira de vertes critiques, auxquelles, du reste, il n'a pas la prétention de le soustraire. Sans dédaigner les approbations qu'il serait heureux de pouvoir mériter, il déclare qu'il n'a d'autre ambition que d'offrir au public le court exposé d'une situation dont on ne puisse pas contester l'exactitude.

Dans les premières pages, il montre les dispositions actuelles de l'opinion publique, et fait pressentir tout ce qu'elles auraient de favorable, si, pris à l'improviste, les électeurs étaient convoqués dans leur comices, pour remplacer le représentant qu'ils ont perdu. Il termine par quelques considérations générales, — ou plutôt banales, — mais sur lesquelles on ne saurait trop insister pour les faire pénétrer dans l'esprit des masses. Si, comme il en a la crainte, il n'a pas réussi à convaincre quelques-uns de ses lecteurs, il leur demande de lui pardonner sa témérité en faveur de l'honnêteté et de l'intention qui l'ont guidé.

Ceci dit, il ferme son encrier, sèche sa plume et reste dans l'obscurité qui le couvre et dont il n'a pas la moindre envie de sortir. Là, dans la solitude, il appréciera les faits et les événements qui se produiront sur la scène politique avant que l'année soit expirée. Il jugera, d'après ses opinions et ses lumières, les grands acteurs qui les produisent et les dirigent, aussi bien que les comparses et les subalternes qui, de près ou de loin, se font les échos et les exécuteurs de l'unique volonté qui préside aujourd'hui aux destinées de la France.

X..., propriétaire.

Sainte-Foy, 24 février 1869.

SAINTE-FOY

ET

LES ÉLECTIONS DE 1869

Notre mairie boude et menace de passer à l'opposition, répètent depuis quelque temps plusieurs de nos concitoyens, heureux d'un changement qui leur laisserait entrevoir un succès possible pour un candidat indépendant dans les prochaines élections. Envisagée à ce point de vue seulement, cette nouvelle, — si elle se confirmait, — aurait alors une importance telle,

1.

qu'il doit nous sembler permis d'en rechercher les causes et de hasarder au besoin quelques hypothèses pour en donner l'explication. Si toutes ne portent pas juste, il s'en trouvera, nous l'espérons, qui mettront à nu certaines vérités, — peut-être inopportunes, — mais qu'importe ! Ne faut-il pas que la lumière se fasse ?

En présence d'un revirement pareil à celui que nous signalons ici, l'on se demande d'abord comment notre administration locale, qui, depuis son installation, a donné le concours le plus entier à toutes les mesures comme à toutes les exigences gouvernementales, refuserait tout d'un coup ce même concours au moment de la grande lutte qui se prépare, et qui s'annonce comme devant être des plus ardentes? Si cette velléité d'opposition était exacte, — et quel que soit notre désir à cet égard, nous en doutons, — il faudrait des motifs bien sérieux pour légitimer une pareille attitude, qui sans cela et malgré tout, ne trouverait pas grâce devant l'omnipotence préfectorale. Cette réserve faite, raisonnons 'en admettant cette opposition comme probable, et cherchons quels peuvent être nos griefs.

Le premier en date, et l'un des plus importants, qui marque le commencement de cette évolution, ne serait-il pas possible de le découvrir dans la délibération du conseil de préfecture, chargé de statuer sur la protestation qui fut faite contre l'élection de M. Borderie au conseil général ? Le rapport concluait, — il est vrai, — à la validation du mandat de l'élu, mais en blâmant en termes assez explicites les scènes scandaleuses qui précédèrent et suivirent le dépouillement du scrutin, et en faisant remonter jusqu'à la mairie, — seule chargée de la police de la ville, — la responsabilité de tous ces désordres, qui, pour la dignité de notre cité comme pour son honneur, ne se renouvelleront plus. Dans l'appel qui fut porté devant lui, le grave conseil d'Etat, tout en maintenant la décision des premiers juges, qualifia de la même façon cette inconcevable conduite.

Un blâme si direct, tombé de si haut, et deux fois répété, ne pouvait manquer de blesser une personnalité trop engagée dans le débat, et habituée jusque-là à ne rencontrer autour d'elle que des approbateurs, des muets, et, disons le mot, presque des complices. En outre, cette double appréciation avait encore l'inconvénient de justifier pleinement, — si elle en avait eu besoin, — la polémique soulevée dans la *Gironde*, à propos de nos trop célèbres élections municipales de 1865, polémique qui valut à son auteur tant d'audacieux démentis. Comment! après un dévouement si prolongé et tant de services rendus où l'on a bravé ou subi l'impopularité qui s'attache à des actes froissant le sentiment public et où s'amoindrit parfois la considération qui vous entoure, se voir infliger une pareille admonestation ! Un tel désaveu n'est guère fait, n'est-ce pas, pour encourager à persévérer dans cette voie, ni vous ni ceux qui seraient tentés de vous y suivre? Si nous étions initié à ces longues relations officielles, écrites ou parlées, n'y trouverions-nous pas, au lieu d'une censure reçue, les preuves de quelque promesse de récompense bien méritée, et pourtant non tenue? N'y a-t-il jamais eu de demandes d'allocations refusées, ou du moins ajournées ? Et la nomination d'un nouveau juge de paix, qui n'était pas précisément l'homme que l'on désirait, et dans lequel on n'a pas rencontré toute la malléabilité de ses prédécesseurs, n'a-t-elle pas servi au développement de cette sourde irritation? Mais la publication dans un journal du département d'un article plein d'insinuations et suivi de commentaires peu bienveillants, aussi bien que certaines menées ténébreuses toutes récentes dirigées contre ce juge de paix, laissent la supposition ci-dessus au moins probable. N'a-t-on jamais demandé, mais

sans l'obtenir, l'éloignement de quelques
honorables fonctionnaires qui ne parais-
saient pas assez sympathiques, ou qui n'ad-
miraient pas tout ce que notre administration se permettait de faire? N'y a-t-il pas
bien d'autres faits encore que l'on connaît ;
d'autres que l'on soupçonne, d'autres enfin
qui restent ensevelis dans les cartons de
notre mystérieuse mairie, peu habituée à
mettre le public au courant de toutes les
choses qui pourraient l'intéresser, et dans
lesquels nous puiserons à pleines mains de
nouveaux arguments à l'appui de nos dires?

Toutes ces questions brièvement mises
en lumière ne sont pas, si l'on veut, des
points tout à fait noirs, mais ont servi néan-
moins à jeter quelque doute et quelque
inquiétude sur le résultat futur de la candidature officielle. L'autorité supérieure
connaît probablement mieux que nous ces
ferments de mécontentement, et, à certains
signes, on croirait qu'elle s'en préoccupe,
sans toutefois s'en alarmer. Et pourquoi

craindrait-elle ? N'a-t-elle pas dans les mains les immenses ressources dont elle peut disposer à son gré pendant la période électorale ? Lorsqu'arrive ce grand moment, elle donne généreusement ce qu'elle avait déjà refusé, mais qu'elle tenait en réserve au profit de l'heureux candidat dont elle a fait choix. Les moyens ne lui manquent pas pour ramener à son bercail le berger mutin qui laisserait errer son troupeau dans les pâturages révolutionnaires. Mieux ou tout aussi bien que son Code, elle connaît l'art de manier les hommes sans principes politiques bien arrêtés, ou qui n'en ont que de parade, et dont l'unique ambition n'est point d'être utiles, mais d'occuper une fonction quelconque qui leur permette d'étaler leur puérile vanité. D'ailleurs, pour étouffer une plainte et calmer un ressentiment, lorsqu'il s'en produit, un morceau de ruban coûte si peu ! L'offrira-t-on ? Sera-t-il accepté ? Nous l'ignorons. Les demandes de subventions, on les accordera. Les contribuables ne sont-ils pas toujours là ? Un déplacement de fonctionnaires ? Qu'à cela ne tienne, si les chances de la candidature officielle doivent s'en augmenter! Et puis, est-ce que le système des compensations avantageuses n'arrange pas tout ?

Arrive ensuite la longue nomenclature des distributions de faveurs, — déjà commencées, — pour les amis et les dociles, aussi bien que pour ceux que l'on veut amener à soi ; et les menaces, et les sévérités pour les hommes d'opposition et les récalcitrants. Après, nous verrons des émissaires de tout genre, dont quelques-uns bien connus par le triste métier qu'ils font, et sillonnant les divers points de la circonscription. Puis, la série de dépêches télégraphiques controuvées, la comédie des deux tracés et des deux rives, les intrigues de toute sorte, et les enquêtes pour l'emplacement de la gare, qui, soit dit en passant, en a encore pour bien des années avant d'abriter les voyageurs, etc., etc.

Emploiera-t-on cette fois encore et comme suprême moyen d'influence, l'exécution tant attendue du chemin de fer de Libourne à Bergerac? Vraiment on le croirait, en voyant l'empressement mis par le gouvernement au règlement définitif des difficultés en litige avec l'ancienne compagnie, et par l'envoi d'ingénieurs et d'ouvriers travaillant déjà sur le tracé. Vous verrez que l'on fera remonter l'honneur de cette prompte détermination à M. Chaix-D'Est-Ange, et nous serions presque tenté de croire que la nomination de son beau-frère, M. Gressier, au ministère des travaux publics, n'est pas étrangère à cet arrangement, tant est grand dans les hautes régions le désir de voir échouer la candidature libérale. Voyez-vous, d'ici, — et sans rire, — l'inflexible fermeté d'un pareil député devant la volonté d'une Excellence, unis entre eux par les liens d'une si étroite parenté ! Au train dont vont les choses, et après tous les exemples déjà fournis, toutes les positions officielles deviendront bientôt le patri-

moine d'un certain nombre de familles,
remplissant autour du trône le rôle de l'ancienne noblesse, et coûtant tout aussi cher
à la France.

Ainsi donc, et malgré toutes les surprises
qui nous sont réservées, on peut déjà
compter et prévoir que la mise en scène
sera des plus complètes, que rien n'y man-
quera. Les électeurs s'y laisseront-ils
prendre encore ? Là est la question. En
nous rappelant qu'en 1863, les 2,384 voix
données par la ville et le canton de Sainte-
Foy assurèrent le triomphe de M. Arman,
il nous est bien permis de croire que le
succès que nous espérons obtenir dépend
en grande partie de la participation à la
lutte que prendra notre municipalité, suivant qu'elle se déterminera pour ou contre
le candidat administratif, si surtout, d'ici
là, une transaction ne vient pas, juste à
point, mettre fin à la scission actuelle. Toujours est-il qu'elle peut faire décider, par
les électeurs qu'elle entraîne ou dont elle

dispose, si, oui ou non, notre circonscription est tellement indigente d'hommes,
qu'elle doive rester, comme par le passé,
sans un représentant qui lui soit connu,
dévoué à ses nombreux intérêts, et
prenant quelque souci de ses besoins.
A tous ceux qui crurent faire merveille en
patronnant si chaudement la candidature
de M. Arman, de nous parler des services
imperceptibles qu'il a pu rendre ! Mais nous,
qui l'avions combattu, d'abord par des raisons de principes, ensuite par rapport à la
protection qui le couvrait, nous avons eu
la triste satisfaction d'entendre bien souvent exprimer de tardifs regrets par ceux-là
mêmes qui avaient concouru de leur sim-
ple vote à cette malencontreuse élection,
devenue presque un échec moral que les tri-
bunaux ont fait connaître, et dont le pays
doit se relever.

On a dit et prouvé bien des fois que depuis l'Empire, les impôts de la France
avaient doublé ; que, par la nouvelle loi

militaire, le nombre de nos soldats avait aussi doublé ; et que rien n'indiquait que nous fussions à bout de nos charges ni de nos sacrifices ; que l'organisation de la police avait pris dans ces derniers temps des proportions inconnues , même sous le règne du fondateur de la dynastie. A l'heure où nous écrivons, quel est le citoyen qui, recevant un journal démocratique et parlant librement d'après ses opinions de la politique actuelle, peut se flatter de n'avoir pas un dossier dans quelque cabinet noir de sa préfecture ? Et dans ces notes informes et troubles, dignes des mains qui les transmettent et des agents qui les demandent, sont consignées les opinions, le degré d'instruction et d'intelligence, la position sociale, et les rapports que peut avoir avec ses concitoyens le coupable que l'on surveille avec tant de zèle. Quelle rude besogne pour les futurs historiens de ce temps-ci, lorsqu'ils auront à fouiller dans ce fatras impur de paperasses accumulées avec tant de tact et tant de

soins, où la calomnie se mêle à la dénoncia-
tion ! Travail ignoble ! pourtant bien rétri-
bué par la caisse toujours pleine des fonds
secrets.

Si nous abordons, en passant, cette question qui n'était pas (nous le reconnaissons)
dans le plan que nous nous étions tracé en
commençant ces lignes, c'est en songeant
que ce système d'espionnage inauguré et
pratiqué bien avant le 2 décembre 1851
faillit avoir à cette époque de déplorables
conséquences pour un certain nombre
d'habitants de notre localité. Si plusieurs
ne furent pas violemment arrachés à leurs
familles, à leurs amis, ils ne le durent qu'à
la fermeté tout exceptionnelle d'un honorable magistrat qui ne voulut pas assumer
la moindre part de responsabilité dans l'ac-
complissement d'une pareille violation de
la liberté individuelle. Plus heureux que
tant d'autres, ils durent à ce magistrat de
ne pas connaître les chagrins de l'exil ni
l'amertume de l'internement ! Malgré les

années écoulées depuis cette funèbre date, ce souvenir leur en reste vivant au cœur, autant pour les douleurs qui leur furent épargnées, que pour celles qu'ont souffertes les nombreux martyrs qui sont tombés pour leur foi politique, loin des êtres aimés sur lesquels ils avaient concentré leurs affections les plus intimes.

Quand, par des raisons d'Etat plus ou moins fondées, l'on frappe impitoyablement sur des hommes dont le seul crime consiste à professer des opinions différentes de celle que l'on veut faire prédominer, c'est au détriment de la morale et de la justice, — momentanément voilées, — que ces faits s'accomplissent. « Le mal est toujours le mal, » a dit un orateur célèbre, « et nul n'a le droit de le faire, même pour que le bien en sorte. » Et si c'était le contraire donc !... Oh ! ce n'est pas sans qu'il reste quelque ressentiment au fond des âmes qu'on enlève à leurs foyers, à leurs affaires, à leur fortune, des milliers de citoyens, les

uns honorés, les autres estimés, apparte-
nant aux classes les plus essentielles de la
société, pour les livrer à la transportation,
à la ruine, à la mort !

Eh bien ! l'honorable député dont le
mandat vient d'expirer dans des conditions
que chacun sait a tout approuvé, tout
sanctionné, a trouvé tout cela bien ! La loi
de sûreté générale, qui nous laisse à la
merci de la délation ? Juste, nécessaire. —
La folie mexicaine, qui, après avoir ébréché
notre considération, nous a coûté tant de
millions et tant de soldats ? Une concep-
tion sublime. — La victoire de Sadowa
et l'agrandissement de la Prusse ? De la
grande politique, empreinte d'un chau-
vinisme patriotique, mais aux trois quarts
usé, qui proclame que : plus l'ennemi
sera puissant, plus il y aura de gloire
à le vaincre quand le moment arrivera.
— La guerre presque civile des Etats-
Unis ? Mais elle entrait tellement dans
ses vues, qu'il a pris rang dans les parti-

sans de l'esclavage en leur fournissant
des armes et en devenant par ce fait l'ad-
versaire de la grande République.

Mais laissons là cet examen, et ne poussons
pas plus loin la vérification de ses votes. Ils
ont tous le même cachet d'admiration pour
toutes les fautes, grandes ou petites, que
l'on a pu commettre. Et véritablement on
ne saurait exiger ni plus ni mieux d'un
homme dont on a le droit de contester la
valeur politique, et qui montre ainsi sa re-
connaissance envers ceux qui l'ont élevé à la
haute mission de législateur, que des con-
naissances spéciales ou des qualités hors
ligne ne pouvaient lui faire ambitionner.

Est-ce assez maintenant comme cela ? Ou
bien les électeurs, suivant les errements an-
térieurs, iront-ils prendre encore pour leur
mandataire le personnage qui depuis bientôt un an poursuit sans relâche le cours de
ses pérégrinations, et se montre à eux es-
cortant messieurs le préfet et sous-préfet

dans chacune de leurs tournées? Voudront-
ils de nouveau nommer un approbateur
systématique des actes accomplis par nos
ministres irresponsables? Envoyer au Corps
législatif un « *arcadien* » de plus, pour
applaudir et crier : bravo! à tous les so-
phismes et à tous les paradoxes tombés des
lèvres ministérielles et de celles des discou-
reurs de la majorité? Non! cela n'est plus
possible. Nous croyons que cette trop longue expérience et les tristes résultats
qu'elle a produits auront suffi pour désillu-
sionner à jamais les plus retardataires et
les plus incrédules. Ils comprendront qu'il
est temps d'en finir avec les candidats offi-
ciels, agréables, triés, choisis des années
à l'avance ; que ce patronage, accepté par
eux pour suppléer à leur insuffisance, n'est
pas précisément une garantie de leur indé-
pendance vis-à-vis du gouvernement. Ils
penseront que leur représentant ne doit pas
être lié d'avance par aucun engagement
pour remplir librement et convenablement
son mandat, et que son contrôle ne peut

s'exercer d'une manière efficace qu'en remplissant ces deux conditions, « Devoir tout aux électeurs, rien au pouvoir. »

On peut donc voir, par tout ce qui précède, que les motifs d'espérance ne nous manquent pas. Indépendamment des progrès accomplis par la raison publique et à part tout antagonisme local, il est un fait plus puissant, plus décisif, qui par sa nature domine la situation, et donne à réfléchir à ceux qui sont chargés de diriger la barque gouvernementale et de veiller au salut de l'Empire. Un des plus illustres personnages de ce régime a dit devant le Sénat, et avec une grave solennité, « *que de-* » *puis dix-huit ans, plus de quatre millions de* » *vieux électeurs s'étaient couchés dans la* » *tombe, qu'un nombre égal de jeunes les* » *avaient remplacés dans la vie publique, avec* » *d'autres idées, d'autres aspirations, dont il* » *fallait savoir tenir compte.* »

Prise dans son esprit ou dans sa lettre,

cette déclaration inattendue pouvait donner à comprendre que la compression à
outrance employée jusque-là avait fait son
temps, et que nous allions entrer dans une
ère plus clémente et plus douce pour les
forts et les vaillants, toujours sur la brèche,
défendant la cause du progrès et de la liberté. Erreur singulière ! car, à cet aveu
arraché par l'évidence, et dont la clarté
pouvait se passer de démonstration, il fut
répondu par des protestations et des mur-
mures, comme si l'édifice élevé le 2 décembre vacillait sur sa base. Puis vinrent
les innombrables procès de presse, les con-
damnations aux mois de prison et aux
amendes ruineuses dont on a frappé les
journaux à peine nés et leurs nouveaux
écrivains.

D'après tout cela, si nous avons le droit,
nous aussi, de juger l'arbre par le fruit
qu'il porte, nous pouvons affirmer hardi-
ment que celui qu'on nous donne à sa-
vourer nous semble bien amer, et qu'il
sent fortement son origine.

Eh bien! mais par d'autres raisons, nous comptons sur cette jeunesse qui ne s'est pas prosternée devant l'astre impérial à son levant; n'a pas été éblouie par les rayons de sa gloire, ni énervée par ses séductions! Sur cette jeunesse qui renonce aux frivoles distractions pour se jeter fièrement dans cette carrière de luttes où l'on court plus de dangers qu'on ne recueille de gloire; parce qu'elle possède l'enthousiasme, l'expansion, les illusions si l'on veut; parce qu'elle marche toujours vers le bien, vers le mieux. On peut l'entraver un jour, mais le lendemain elle reprend son élan, entraînant l'humanité vers l'affranchissement et la délivrance! Pour elle, la grandeur d'un peuple ne consiste pas dans l'emploi de la force matérielle dont il dispose, ni dans l'étendue de son territoire, mais bien dans la somme d'intelligence qu'il renferme et de liberté dont il jouit. Elle sait que les idées et les principes démocratiques sont la force et la vie de la nation, et elle les fera triompher, parce qu'en dehors d'eux il ne se produit rien de généreux ni de bon, mais bien l'affaissement des corps et des caractères, et l'anéantissement de ses meilleures facultés. Suivons donc les exemples qu'elle nous donne, et ne soyons pas les derniers à ressentir l'impulsion qu'elle communique au réveil de l'opinion publique, qui se manifeste partout avec tant de force. Marchons ensemble à la conquête de nos libertés perdues; à la plus sacrée de toutes, la liberté individuelle, qui depuis quelque temps surtout, a reçu de si nombreuses et si rudes atteintes. Exigeons par notre opiniâtre persévérance la réduction des charges de toutes sortes qui nous accablent, et dont le chef de l'Etat vient presque de reconnaître l'énormité. Demandons une plus équitable répartition de nos finances, et enfin les garanties du droit de paix et de guerre, tous ces biens si précieux qui devraient toujours rester l'apanage d'une grande nation comme la nôtre.

Pour protester aujourd'hui contre les

2.

faits qui nous blessent et revendiquer les réformes qui nous paraissent nécessaires, il n'est plus besoin de recourir à la violence. Le temps des conspirations et des barricades est fini. Assez de sang, et du plus pur, a rougi trop souvent le sol de nos boulevards, le pavé de nos rues et jusques aux grands chemins de nos campagnes. Les cellules et les noirs cachots de nos prisons ont englouti tellement de victimes, que l'homme n'en saura jamais le nombre. Et si l'on y ajoutait ceux qui sont sortis perclus du bourbier de nos casemates et ceux qu'a séchés le soleil brûlant de Lambessa ou de Cayenne, l'imagination la plus froide et la plus impassible en serait effrayée. Pour affirmer nos principes et faire prévaloir notre volonté, nous avons dans les mains l'arme révolutionnaire par excellence que nous a léguée la République de Février : l'arme légale, gravée dans la loi, incrustée dans la Constitution : « *Le suffrage universel.*» Servons-nous-en donc avec intelligence et fermeté, et le bien que nous cherchons tous de bonne foi viendra de l'usage que nous en ferons.

Nous connaissons, pour les avoir pesées et passées au creuset de notre raison, toutes les objections soulevées contre son introduction et son application aux choses de la politique ; nous savons les mille obstacles dressés devant lui pour en paralyser le libre exercice ; nous avons vu ses défaillances, ses erreurs et son incroyable aveuglement ! Mais ne devait-il pas en être ainsi ? Cependant l'homme ne peut pas vouloir éternellement son mal ni celui du milieu social dans lequel il vit ! Quand donc, corrigé par ses propres fautes, éclairé par cette longue épreuve, par les efforts infatigables de la presse, par la parole de nos grands orateurs tombant de la tribune, et par le contact produit par les réunions publiques, ses yeux s'ouvriront enfin à la lumière, oh ! alors le moment sera venu pour lui de mettre les choses et les personnes à leur place véritable et définitive.

Que le peu de jours qui nous séparent du mois de mai soient sérieusement employés à nous préparer à cette solennelle manifestation, dont les perspectives diverses ne laissent pas de remplir les uns d'inquiétantes appréhensions et les autres des plus vives espérances. N'est-elle pas la plus élevée et la plus importante de toutes, la mission qui consiste à choisir les consciences les plus pures et les esprits d'élite, pour les investir du grand et noble devoir de faire des lois sous lesquelles il nous sera donné de vivre, et que nous léguerons aux générations qui viendront après nous? Elles seront intolérantes et maudites si les passions, les haines et les rancunes ont présidé à leur élaboration, ou respectées et bénies si elles sont inspirées par les tendances de notre époque et de la civilisation, et surtout par l'austère intégrité qui guidera les hommes qu'il est de notre devoir d'envoyer siéger au Corps législatif.

Que tous les électeurs donc, qui ont

autre chose « *que de l'eau dans la cervelle* »
et qui, comme nous, gardent au fond de leur
cœur un peu du souvenir du passé, et n'ont
pas perdu toute confiance dans le présent,
marchent résolûment au scrutin et dépo-
sent dans l'urne un bulletin pour le candidat, « *quel qu'il soit,* » que l'opposition dé-
signera à leurs suffrages. Qu'ils soient fer-
mes et inébranlables! L'abstention serait
une espèce de trahison et n'a plus aujour-
d'hui de raison d'être. Puis, s'il est vrai qu'il
en soit d'une élection comme d'une bataille,
où la victoire reste toujours aux gros batail-
lons, faisons en sorte que, par notre empressement, notre armée soit au complet,
et nous aurons par là bien mérité de la pa-
trie. C'est là notre vœu le plus cher, l'espoir
de le voir se réaliser nous encourage et nous
anime. Que ce vote que nous allons émettre
ait un caractère dont la signification ne
puisse échapper à personne et soit un aver-
tissement à qui de droit. La France, à qui
l'on prend si prestement ses milliards et le
sang de ses enfants, n'entend pas se passer

plus longtemps des libertés nécessaires au développement et à l'épanouissement des brillantes facultés qui sont la gloire et l'essence de son génie national, et dont le rayonnement atteint jusques aux points les plus extrêmes de la terre.

Elle ne peut plus se contenter des fictions, des apparences, des restrictions, des mots enfin, dont on la sature. Elle finirait par s'atrophier sous ce régime et glisserait bien vite sur la pente fatale qui la conduirait à la décadence, à l'effacement, où tombent les peuples qui s'abandonnent à l'indifférence.......

En présentant aux électeurs les conseils et les observations qui précèdent, nous avons cru remplir un devoir d'urgence. — Ils sont avertis, à eux d'aviser et de remplir le leur.

X..., PROPRIÉTAIRE.

Sainte-Foy, février 1869.

Paris. — Imprimerie de Dubuisson et Cⁱᵉ, rue Coq-Héron, 5